Ruf doch mal an!

German role-play in pairs

David Phillips and Irene Scott

Illustrations by Irene Scott

Hodder & Stoughton

LONDON SYDNEY AUCKLAND TORONTO

British Library Cataloguing in Publication Data
Phillips, David, *1924 Dec. 15–*
   Ruf doch mal an! German role – playing in pairs.
   1. Spoken German language. Role – playing exercises
   I. Title   II. Scott, Irene
   438.3'421

ISBN 0 340 52061 2

First published 1990

Typeset by Gecko Ltd, Bicester, Oxon.
Printed in Great Britian for the educational publishing division of
Hodder and Stoughton Ltd, Mill Road, Dunton Green, Sevenoaks, Kent
by Thomson Litho Ltd, East Kilbride, Scotland.

Introduction

Ruf doch mal an! is designed to provide students preparing for GCSE with practice in German role-play. It is based on the assumption that they will work in pairs, and it provides them with opportunities to give, to request and to receive information. All of the exercises involve working with the telephone, and an introductory section provides students with the basic language needed to open and close telephone conversations, as well as information on using the telephone in Germany. Every exercise follows the 'information gap' principle which is an essential feature of communicative interaction in the modern languages classroom.

The exercises in *Ruf doch mal an!* extend those in *Zu Zweit* 1 and 2 (Hodder & Stoughton, 1987). The same basic approach is used, although all instructions in *Ruf doch mal an!* are in German and sample stimulus questions and responses are suggested throughout. It should be pointed out that such examples are only suggestions on which students may like to model their questions and answers; they do not in themselves provide all the language forms necessary for completion of the tasks.

We hope that teachers and learners will find the exercises useful in practising a range of situational and topic-based vocabulary and structures at a level preparatory to GCSE.

David Phillips
Irene Scott

WAS DU MACHEN MUßT, WENN DU TELEFONIEREN WILLST:

1   Du mußt den Hörer abnehmen.
       (Du hörst jetzt den Wählton: *tüüüü*.)

2   Du mußt Geld einwerfen.
       (Du brauchst drei Zehnpfennigstücke.)

3   Du mußt die Nummer wählen.
       (Wenn der Anschluß frei ist, hörst du den Freiton:
       tüüüt tüüüt tüüüt tüüüt – so klingelt es bei deinem Anrufpartner.)
       (Wenn der Anschluß besetzt ist, hörst du den Besetztton:
       tüt tüt tüt tüt – jetzt mußt du den Hörer wieder auflegen und später anrufen.)

4   Wenn du die Verbindung hast, melde dich mit deinem Namen – z.B. „Guten Tag, (hier) Zimmermann …"
       (Wenn es bei deinem Anrufpartner klingelt, nimmt er den Hörer ab und sagt einfach seinen Namen – z.B. „Schneider, guten Tag …")

5   Wenn du die falsche Nummer erreichst, kannst du folgendes sagen:

6   Am Ende des Gesprächs, sage einfach „Auf Wiederhören". Du kannst auch „Tschüß" usw. sagen:

7 Vergiß die Vorwahlnummer nicht! Einige Beispiele (Inland):

Aachen	0241	Göttingen	0551
Augsburg	0821	Hamburg	040
Berlin (West)	030	Hannover	0511
Bielefeld	0521	Heidelberg	06221
Bonn	0228	Kassel	0561
Bremen	0421	Köln	0221
Darmstadt	06151	Lübeck	0451
Dortmund	0231	München	089
Düsseldorf	0211	Nürnberg	0911
Essen	0201	Stuttgart	0711
Frankfurt	069	Wuppertal	0202

NB Wenn du *im Ausland* bist und nach Deutschland telefonierst, fällt die Null (0) weg – z.B. Darmstadt – X6151

8 Wenn du im Ausland bist und nach Deutschland telefonieren willst, mußt du folgende Vorwahlnummern benutzen:

Von:				
	Belgien	00–49	Niederlande	09–49
	Dänemark	00949	Norwegen	09549
	Finnland	99049	Österreich	060
	Frankreich	19–49	Portugal	0049
	Griechenland	0049	Schweden	00949–
	Großbritannien	01049	Schweiz	0049
	Irland	1649	Spanien	07–49
	Italien	0049	Türkei	0–949
	Jugoslawien	9949	USA	01149
	Luxemburg	050		

(– = kleine Pause: wenn du den neuen Wählton hörst, kannst du weiterwählen.)

9 Hier sind einige Vorwahlnummern für Auslandsgespräche:

Belgien	00 32	Niederlande	00 31
Dänemark	00 45	Norwegen	00 47
Finnland	00 358	Österreich	00 43
Frankreich	00 33	Portugal	00 351
Griechenland	00 30	Schweden	00 46
Großbritannien	00 44	Schweiz	00 41
Irland	00 353	Spanien	00 34
Jugoslawien	00 38	Türkei	00 90
Luxemburg	00 352	USA	00 1

Übung

1 Du bist am Hauptbahnhof in Bonn und willst das Hotel Adler in der Beethovengasse anrufen. Wieviel Geld brauchst du?

2 Du sprichst mit deinem Freund Lothar und machst Pläne, am Freitag mit ihm nach Bremerhaven zu fahren. Was sagst du am Ende des Gesprächs?

3 Du bist Herr Fiedler und rufst Frau Dr. Inge Koch an. Was sagt sie, wenn sie den Hörer abnimmt? Was sagst du, nachdem sie sich gemeldet hat?

4 Du möchtest deine Freundin Marga Kästner anrufen. Du hörst den Freiton, dann „Hotel Kränzler, guten Tag". Was sagst du jetzt?

5 Du möchtest folgende Leute anrufen. Suche die Telefonnummern!

Friedrich König, Stuttgart   Manfred Hörner, Köln
Liesl Kellermann, Hannover   Uwe Richter, Essen
Dr. Lutz Schneider, Bielefeld   Ulrike Gruber, Göttingen
Britta Konrad, Kassel   Johannes Wiener, Augsburg

6 Du bist: in England und willst Herrn Pauli in Heidelberg anrufen;
in Schweden und willst Frau Braun in Frankfurt anrufen;
in Holland und willst Karl Weiß in Wuppertal anrufen;
in Belgien und willst Professor Mann in Bonn anrufen;
in Norwegen und willst Julia Meyer in Hamburg anrufen.

Welche Nummern solltest du wählen?

7 Du möchtest eine Firma anrufen, aber du weißt die Telefonnummer nicht. Was machst du? (zwei Möglichkeiten).

8 Du bist in Deutschland und willst nach Hause in England telefonieren. Deine englische Telefonnummer ist 0865–93742. Was mußt du aber von Deutschland wählen?

9 Du rufst deine Freundin an, aber ihr Bruder meldet sich. Du willst mit deiner Freundin sprechen – was sagst du?

10 Du rufst deinen Bruder an. Seine Frau meldet sich und sagt, daß dein Bruder im Moment nicht da ist. Du möchtest ihm dringend etwas sagen. Was sagst du jetzt?

4

Frau Braun	46 – 04 – 71
Ulrike Gruber	77 – 84 – 96
Manfred Hörner	34 – 68 – 15
Liesl Kellermann	23 – 42 – 55
Friedrich König	94 – 63 – 28
Britta Konrad	23 – 47 – 11
Professor Mann	08 – 94 – 32
Julia Meyer	39 – 08 – 47
Herr Pauli	62 – 24 – 03
Uwe Richter	33 – 49 – 88
Lutz Schneider	16 – 11 – 22
Karl Weiß	82 – 91 – 30
Johannes Wiener	41 – 66 – 27

Hallo!

Tschüß!

? Wiederhören!

Ruf doch mal an!

Post

Karten-telefon

Standortverzeichnis

Berlin   Essen
Bonn
Bremen
Dortmun
Duisburg
Düsseldor

Telefonkarte

Gebühr
12 DM
40 Einheiten

Deutsche
Bundespost

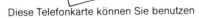

Diese Telefonkarte können Sie benutzen

– an vielen IC-Bahnhöfen
– auf Flughäfen
– im Großraum Stuttgart

bei allen öffentlichen Sprech-
stellen, die mit diesem Symbol
gekennzeichnet sind:

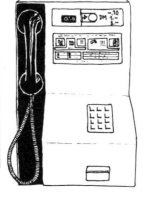

Du feierst deinen Geburtstag und möchtest sechs Freunde zu deiner Party einladen. Aber du kannst das Telefonbuch nicht finden.

Ruf deinen Freund Lutz an und frag ihn nach den Telefonnummern von:

Bettina	Margit	Johannes
Martin	Ute	Florian

Kannst du mir bitte sagen, welche Telefonnummer Claudia hat?

Schreib die Telefonnummern auf einen Zettel:

Bettina

Martin

Margit

Ute

Johannes

Florian

SCHÜLER ▼ A *Übung 2*

Nun rufst du deine Freunde an, um zu fragen, ob sie zur Party kommen können.

Sag ihnen, wann und wo die Party stattfindet.

Mach eine Liste von den Freunden, die kommen können:

Party : Montag 20. Juni
19.30

Bettina

Martin

Margit

Ute

Johannes

Florian

SCHÜLER ▼A▼ *Übung 3*

Das war eine tolle Party! Nachdem alle Gäste wieder nach Hause gegangen sind, findest du einige Sachen im Haus, die deine Freunde bei dir vergessen haben. Deine Freunde rufen dich an und möchten wissen, ob du ihre Sachen gefunden hast.

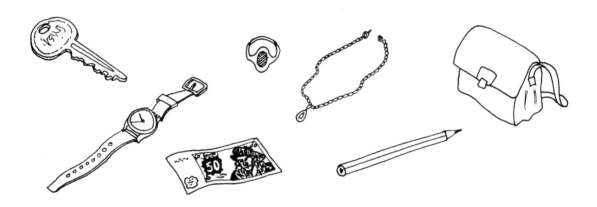

Mach eine Liste!

Ja, dein(e) ... ist hier.

Schlüssel :

Ring :

50 Markschein :

Kette :

Handtasche:

Uhr :

Bleistift :

Nein, dein(e) ... ist nicht da.

Bleibt etwas am Ende übrig?

SCHÜLER A *Übung 4*

Du bist Mitglied einer Fußballmannschaft und hast einen Fußballklub in München eingeladen, bei euch in Bremerhaven zu spielen. Du rufst den Sekretär des Münchener Klubs an, um eine Liste seiner Mannschaft zu bekommen.

Du kannst aber nur sehr schlecht hören, was er sagt, und bittest ihn, die Namen zu buchstabieren.

Es tut mir leid, ich kann Sie nur sehr schlecht hören. Wie schreibt man das?

Das habe ich nicht ganz mitgekriegt. Können Sie das bitte buchstabieren?

Können Sie bitte wiederholen?

München

1. _ _ _ _ _ _ _ _ _ _ _
2. _ _ _ _ _ _ _ _ _ _
3. _ _ _ _ _ _ _ _ _ _ _
4. _ _ _ _ _ _ _ _ _
5. _ _ _ _ _ _ _ _ _
6. _ _ _ _ _ _ _ _ _ _
7. _ _ _ _ _ _ _ _ _ _ _
8. _ _ _ _ _ _ _ _ _ _ _ _
9. _ _ _ _ _ _ _ _ _ _ _
10. _ _ _ _ _ _ _ _ _ _ _
11. _ _ _ _ _ _ _ _ _
12. _ _ _ _ _ _ _ _ _

9

SCHÜLER ▽A *Übung 5*

Du brauchst dringend Informationen über die Einwohnerzahl in verschiedenen deutschen Städten. Du rufst deinen Freund Martin an, da du weißt, daß sein Vater eine große Enzyklopädie besitzt, die diese Informationen hat.

Du bittest ihn, dir die Informationen zu geben. Mach eine Liste!

Berlin (West)	Münster
München	Kiel
Hamburg	Stuttgart
Bonn	Frankfurt am Main
Köln	Nürnberg

Ich brauche deine Hilfe ...

Kannst du bitte in der Enzyklopädie nachschauen?

Kannst du mir bitte sagen, wieviele Einwohner Stuttgart hat?

Kannst du das bitte wiederholen?

SCHÜLER ▼A ▼ *Übung 6*

Du übernachtest in einem Hotel, aber dein Zimmer gefällt dir nicht. Vieles ist nicht in Ordnung.

Telefoniere mit dem Empfang und sage, was in deinem Zimmer kaputt ist oder nicht funktioniert.

HOTEL SONNE
Bitte notieren Sie Ihre Reparaturwünsche

Zimmer Nr. _____

☐ Wasser   ☐ Heizung

☐ Licht   ☐ Bett

☐ Schlüssel   ☐ Fernseher

☐ Vorhänge   ☐ Radio

☐ Dusche   ☐ Möbel

☐ Bad   ☐ Fenster

☐ WC   ☐ Teppich

Meine Zimmernummer ist 47 im zweiten Stock.

Das Radio funktioniert nicht.

Die Heizung ist kaputt.

Es gibt kein Wasser.

Etwas stimmt nicht mit...

SCHÜLER ▽A▽ *Übung 7*

Du bist seit einer Woche krank und bist nicht zur Schule gegangen. Jetzt aber fühlst du dich viel besser und rufst deine Freunde an, um zu fragen, was für Hausaufgaben du machen mußt.

Jutta ... haben wir Hausaufgaben in Französisch auf?

Was sollen wir machen?

Bis wann müssen wir das machen?

Freund(in)	Fach	Hausaufgaben?	Bis wann?
Sabine	Mathe		
Rolf	Biologie		
Udo	Englisch		
Bianca	Chemie		
Martina	Erdkunde		

12

SCHÜLER A ▼ *Übung 8*

Die Gruppe BAP kommt in drei Wochen nach Köln. Du und dein(e) Freund(in) möchten sie im Konzert sehen. Du rufst die Konzerthalle an und fragst, ob es noch Plätze gibt und, wenn ja, was sie kosten. Du kannst dir höchstens 30 Mark leisten.

Schreib folgendes auf:
a) was die verschiedenen Plätze kosten;
b) wann und wo es noch freie Plätze gibt, die du dir leisten kannst.

Gibt es noch Karten für die BAP-Konzerte im November, bitte?

Was kosten die Plätze (im...) bitte?

Haben Sie noch Plätze (im ... ...) für Donnerstag, den 20. November?

Plätze	Preise	Mi. 19. Nov.	Do. 20. Nov.	Fr. 21. Nov.	Sa. 22. Nov.	So. 23. Nov.
Parkett 1	DM					
Parkett 2	DM					
Rang 1	DM					
Rang 2	DM					
Balkon	DM					

im ersten Parkett...

im zweiten Rang...

im Balkon...

SCHÜLER ▽A▽ *Übung 9*

Du rufst deine(n) Freund(in) an, um zu fragen, ob er/sie Auskunft über das BAP-Konzert bekommen hat.

Schreib folgendes auf:

(a) wann es noch Plätze gibt, die du dir leisten kannst;
(b) wo diese Plätze sind;
(c) was sie kosten.

Gibt es noch Karten für die BAP-Konzerte?

Wann sind noch Plätze frei?

Wo sind diese Plätze?

Was kosten die Karten?

	Datum	Wo	Preis
1			
2			
3			
4			

SCHÜLER ▼A Übung 10

Du und dein(e) Freund(in) wisst jetzt, wann es noch Karten für die BAP-Konzerte gibt. Ihr habt aber diese Woche vieles vor. Du rufst deine(n) Freund(in) an, um zu fragen, wann ihr ins Konzert gehen könnt. Die Konzerte beginnen jeweils um 20 Uhr.

Hier ist eine Seite deines Taschenkalenders. Schreib darauf, wann du ins Konzert gehst.

Gehen wir am ... abend ins Konzert?

Hast du am ... abend etwas vor?

Nein, das geht nicht. Ich gehe ins Restaurant.

Wie wäre es mit Freitag?

Ja, das geht

Mittwoch 19.	Squash mit Uwe 16 Uhr
Donnerstag 20.	Zahnarzt 14.30 Uhr
Freitag 21.	Nachmittags Einkaufen.
Samstag 22.	Oma und Opa zu Besuch. Abends Restaurant.
Sonntag 23.	Tagesausflug nach Hannover

Du arbeitest als Portier im Hotel Metropol in München. Am 19. Dezember berichtet eine Putzfrau im Hotel, daß Herr Kranzler (Zimmer 504) nicht zurückgekommen sei, er habe nicht in seinem Zimmer geschlafen. Da du fürchtest, daß ihm etwas passiert sein könnte, rufst du die Polizei an. In seinem Zimmer findest du einige Sachen, die darauf hindeuten, was er am 18. Dezember gemacht hat.

Gib der Polizei die nötigen Informationen.

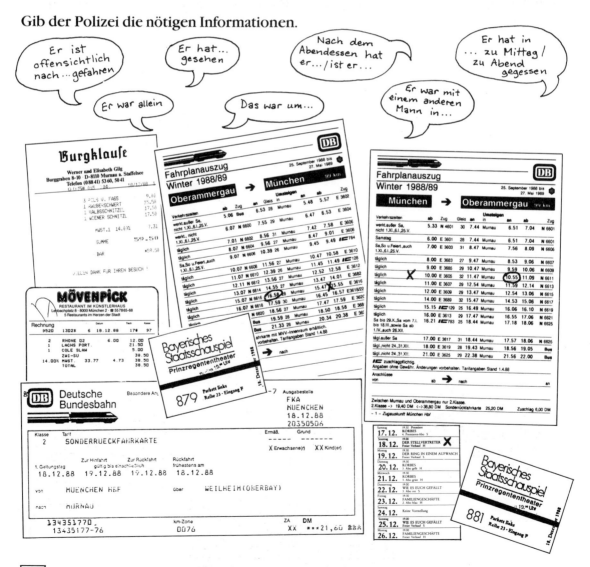

Deine Eltern feiern am nächsten Dienstag ihre Silberne Hochzeit. Du machst Pläne für ein Familientreffen im Restaurant. Du weißt, daß einige Gäste bestimmte Speisen besonders gern oder überhaupt nicht gern essen (siehe Tabelle unten).

Du rufst deinen Bruder/deine Schwester an, um die Pläne zu besprechen. Zuerst sollt ihr Informationen über die Gäste austauschen – was jeder gern oder nicht gern ißt
(✓ = sehr gern; X = nicht gern). Schreib das auf die Tabelle.

Dann sollt ihr die Anzeigen anschauen, um ein passendes Restaurant zu finden.

Familienmitglieder		griechisch	chinesisch	Steak	vegetarisch
Mutti			✓		
Vati	?				
Tante Susi	?				
Onkel Manfred				✓	
Opa	?				
Oma			x		
Ulrike	?				
Dieter				x	✓

SCHÜLER ▽A Übung 13

Du machst in zwei Wochen mit einigen Freunden eine kleine Radtour den Rhein entlang.

Du rufst eine Jugendherberge an, um Plätze zu reservieren. Ihr wollt nur eine Nacht in der Jugendherberge schlafen – entweder am 10. oder am 11. oder am 12. Juni.

Gib dem Herbergsvater/der Herbergsmutter die folgenden Informationen:

Personen	Nächte	Daten	Jungen oder Mädchen	Schlafsäcke entleihen	Bettwäsche entleihen	Frühstück
5	1	am 10ten, 11ten oder 12ten Juni	3 Jungen 2 Mädchen	4	—	✓

Der Herbergsvater/die Herbergsmutter wiederholt alles – stimmt es?

Die Jugendherberge hat nur für eine Nacht genug Plätze frei. Der Herbergsvater/die Herbergsmutter sagt dir jetzt, wann das ist. Schreib das Datum auf.

SCHÜLER ▽A Übung 14

Da hast deinen Taschenkalender verloren. Du weißt, daß einige Mitglieder deiner Familie bald Geburtstag haben, aber nicht mehr genau wann.

Du rufst deinen Bruder/deine Schwester an, um nach den Daten zu fragen. Schreib die Daten auf!

Ich habe meinen Taschenkalender verloren...

Kannst du mir sagen, wann ... Geburtstag hat?

Weißt du, wann ... Geburtstag hat?

Wann hat ... Geburtstag?

Wie bitte?

Onkel Peter

Oma

Markus

Tante Hildegard

Onkel Max

Uschi

Horst

Tante Inge

SCHÜLER ▼ A   *Übung 15*

Am Wochenende warst du bei deinem Onkel und deiner Tante zu Besuch. Du stellst jetzt fest, daß du deinen Taschenkalender dort vergessen hast! Du weißt, daß du diese Woche ziemlich viel vorhast, kannst dich aber nicht genau erinnern, was du machen sollst und wann!

Du rufst deinen Onkel/deine Tante an, und bittest ihn/sie um diese Informationen.

Schreib das alles auf und frag, ob es noch etwas gibt, was du machen sollst!

Sonntag	
Montag	
Dienstag	
Mittwoch	
Donnerstag	
Freitag	
Samstag	

SCHÜLER ▼A ▼ *Übung 16*

Dein Brieffreund/deine Brieffreundin kommt in zwei Tagen, um dich zum ersten Mal zu besuchen. Du stellst plötzlich fest, daß du nur ziemlich alte Fotos von ihm/ihr hast und fürchtest dich, daß du ihn/sie nicht so gut erkennen wirst.

Du rufst ihn/sie schnell an, um folgendes zu fragen:

 Ich habe nur alte Fotos von dir – wie siehst du jetzt aus?

Was für Kleider wirst du während der Reise tragen?

 Wie sind deine Haare jetzt?

Was für Koffer/Taschen wirst du mitbringen?

Sieh dir jetzt die Bilder unten an. Welches Bild paßt am besten?

Dein Vetter/deine Kusine ist bei dir zu Besuch. Ihr wollt am Sonntagvormittag eine Stunde lang schwimmen gehen. Das Mittagessen ist um 13.00 Uhr. Du weißt nicht die Öffnungszeiten der Schwimmbäder oder was der Eintritt kostet. Dein Vetter/deine Kusine braucht auch eine Badehose/einen Badeanzug. Insgesamt habt ihr nur 15 Mark.

Du rufst zuerst das Hallenbad an und fragst folgendes:

Wann sind die Öffnungszeiten bitte?

Was kostet es, bitte, eine Badehose/einen Badeanzug zu leihen?

Was kostet der Eintritt für junge Leute unter 18?

Dann rufst du das Freibad an und stellst dieselben Fragen.

HALLENBAD			
Öffnungszeiten	Badehose/Badeanzug	Eintritt $\frac{1}{2}$ Stunde	Eintritt 1 Stunde
Mo–Fr		* Jug.	Jug.
Sa		Erw.	Erw.
So			
		kostet insgesamt DM	

FREIBAD			
Öffnungszeiten	Badehose/Badeanzug	Eintritt $\frac{1}{2}$ Stunde	Eintritt 1 Stunde
Mo–Fr		* Jug.	Jug.
Sa		Erw.	Erw.
So			
		kostet insgesamt DM	

* Jug. = Jugendliche unter 18
  Erw. = Erwachsene

Jetzt müßt ihr euch entscheiden, wohin ihr gehen wollt!

Du willst am Samstag dem 18. Juli mit dem Zug von Hannover nach München fahren. Du mußt am Samstagabend in München sein, da du dort um 19.30 Uhr in die Oper gehst. Du kannst erst um 10.00 Uhr fahren. Du möchtest lieber nicht umsteigen müssen.

Du rufst den Bahnhof an, um Auskunft über günstige Zugverbindungen zu bekommen.

Ich möchte am Samstag dem 18. Juli nach München fahren.

Ich muß am frühen Abend in München sein.

Gibt es günstige Zugverbindungen, bitte?

Wann fährt (fahren) der Zug (die Züge) ab?

Wann kommt er in München an?

Das ist mir leider zu spät / früh

Fährt ein Zug etwas später / früher, bitte?

Muß ich umsteigen?

Wie ist die Zugnummer, bitte?

Wo muß ich umsteigen?

Schreib die Informationen über passende Züge hier auf:

Zugnummer	Abfahrt Hannover	Ankunft München	Umsteigen? ja/nein	Wo?

SCHÜLER ▼A Übung 19

Du mußt verschiedene Anrufe machen. Hier ist eine Liste, die du zur Erinnerung zusammengestellt hast.

Ruf die Leute *der Reihe nach* an. Etwas stimmt mit dem Telefon nicht, und du wirst manchmal falsch verbunden. Sag etwas Passendes, wenn so etwas passiert.

Tut mir leid, falsch verbunden

Welche Telefonnummer haben Sie, wenn ich fragen darf?

Ich wollte aber auch Sie anrufen – darf ich etwas fragen?

1. | ZAHNARZT | 04 - 66 - 48 |
Montag gegen 10.30 ?
Mittwoch um 12.00 ?

2. | FRISEUR | 46 - 57 - 19 |
Dienstag, 16.30 ?

3. | THEATER | 33 - 08 - 77 |
Karten für „Don Carlos"
Dienstagabend ?   DM 20,– ?

4. | BAHNHOF | 86 - 34 - 28 |
Erster Zug nach München, Mittwoch

5. | BIBLIOTHEK | 74 - 34 - 47 |
Bestelltes Buch da? (Deutschstunde von Siegfried Lenz)

6. | RESTAURANT „Vier Jahreszeiten" | 36 - 61 - 04 |
Tisch am Fenster - 2 Personen - Freitagabend 19.30

SCHÜLER A ▼ *Übung 20*

Du wohnst auf dem Lande, ganz weit vom nächstliegenden Dorf entfernt.
Heute ist dein Auto kaputt, und du kannst daher nicht einkaufen gehen. Es
gibt aber einige Sachen, die du dringend brauchst.

Ruf den kleinen Supermarkt in Dorfmerkingen an, um die Sachen auf deiner
Einkaufsliste zu bestellen.

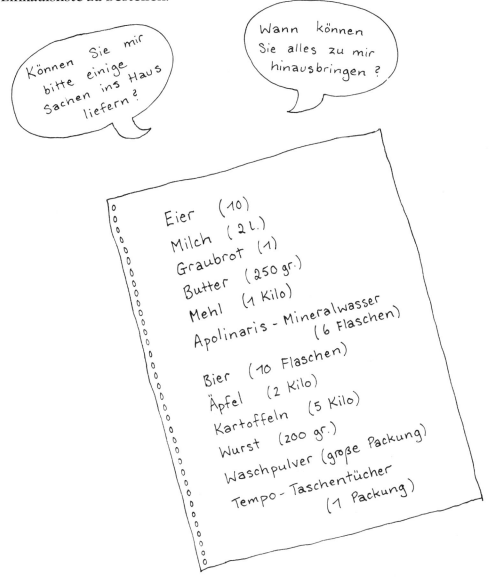

Können Sie mir bitte einige Sachen ins Haus liefern?

Wann können Sie alles zu mir hinausbringen?

Eier (10)
Milch (2 L.)
Graubrot (1)
Butter (250 gr.)
Mehl (1 Kilo)
Apolinaris - Mineralwasser (6 Flaschen)

Bier (10 Flaschen)
Äpfel (2 Kilo)
Kartoffeln (5 Kilo)
Wurst (200 gr.)
Waschpulver (große Packung)
Tempo - Taschentücher (1 Packung)

SCHÜLER A *Übung 21*

> Du suchst einen kleinen alten Tisch für deine neue Wohnung. In der Zeitung findest du einige Kleinanzeigen, die allerlei Tische anbieten.

Du mußt bei jedem Verkäufer fragen, was für einen Tisch er/sie hat und wieviel er kostet. Du hast insgesamt 350 Mark – mehr kannst du nicht bezahlen.

Welchen Tisch willst du kaufen?

Du hast viel Glück gehabt! Bei einem Wettbewerb in einer Jugendzeitung hast du den ersten Preis gewonnen – ein Wochenende für zwei Personen in Rom, Amsterdam, Madrid, Budapest, Athen oder Prag. Du willst eine Stadt wählen, wo es sonnig und nicht unerträglich heiß ist.

Ruf das Wetterbüro an und frag, wie das Wetter in den sechs Städten ist. Mach eine Liste!

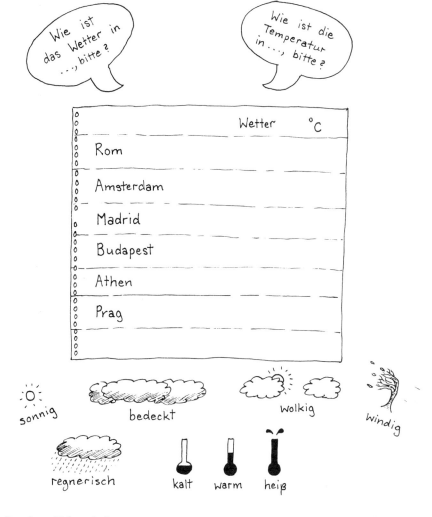

Welche Stadt wählst du?

Während dein Nachbar/deine Nachbarin im Urlaub ist, paßt du auf seine/ihre Wohnung auf. Du machst die Tür der Wohnung auf und hast das Gefühl, daß einige kleine Sachen nicht mehr da sind. Du kannst dich aber nicht genau erinnern, was es in der Wohnung gab.

Ruf deinen Nachbarn/deine Nachbarin an und frag ihn/sie, was für Gegenstände fehlen könnten. Er/sie wird dich fragen, ob z.B. der Perserteppich noch da ist, usw.

SCHÜLER ▽A *Übung 24*

Du spielst die Rolle von Herrn Kellermann, einem Hamburger Geschäftsmann. Du hast einen wichtigen Brief von Herrn Sonnenberg in Wien bekommen. Leider warf deine Frau den Brief in den Kamin, und jetzt ist er so sehr verbrannt, daß du einige Stellen nicht mehr lesen kannst.

Ruf die Sekretärin von Herrn Sonnenberg an und frag sie, was in dem Brief war. (Wann kommt Herr Sonnenberg nach Hamburg? Was macht sein Chef? Um wieviel Uhr wird er bei Ihnen sein? usw.)

Wien, den 23. März

Sehr geehrter Herr Kellerman,

für Ihr freundliches Schreiben vom 18. März
haben Sie herzlichen Dank. Ich kann Ihne
mitteilen, daß ich in der Lage bin, fü
Tage nach Hamburg zu reisen. Me
hat sich auch bereit erklärt, mi
zu kommen, aber er kann leider nu
bleiben, da er eine Geschäftsreis
machen muß.

Wenn es Ihnen recht ist, wollen
kommen. Unser Flug (Lufthansa
ist um 1010 Uhr, und wir landen
in Hamburg (wir müssen leider über
fliegen, wo die Maschine kurz landet). S
brauchen uns nicht abzuholen.
wo Sie wohnen, und fahren mit
zu Ihnen hinaus. Wir hoffen,
bei Ihnen zu sein.

Ich hoffe sehr, daß es Ihnen gut geht, u
freue mich auf unser Treffen und auf meine
ersten Aufenthalt in Hamburg.

Mit freundlichen Grüßen,

H. Sonnenberg

Heinrich Sonnenberg

Du bist bei deinem deutschen Brieffreund/deiner deutschen Brieffreundin. Dein Bruder kommt bald auch nach Deutschland und will dich besuchen.

Du rufst den Flughafen in Frankfurt an, um Informationen über passende Flüge aus London zu bekommen. Dein Bruder will an einem Sonntag fliegen; er möchte nicht zu früh oder zu spät fliegen – und nur von Heathrow.

Ich brauche Auskunft über Flüge von London Heathrow...

Wann sind die Flüge sonntags?

Wann landet es in Frankfurt, bitte?

Das ist leider zu früh/spät

Ab Heathrow	Abflughalle	An Frankfurt	Flugnummer

Wie ist die Flugnummer, bitte?

Von welcher Abflughalle ist das, bitte?

Du arbeitest in einem Büro in Augsburg. Dein Chef bittet dich, einige dringende Anrufe zu machen. Er hat nur wenige Informationen über die Leute und Firmen, die du anrufen sollst – und er hat keine Telefonnummern!

Ruf zuerst die Fernsprechauskunft an und versuche, die richtigen Nummern zu bekommen.

1   F. Kaufmann
      Hanftalstraße?
      Bremen

2   Maier (oder Mayer?) AG
      Schreibmaschinenbau
      Nördlingen

3   Siegbert J. Schmidt
      Wagner . . . (-straße? -gasse?)
      Nürnberg

4   Eva   ?
      Buchhandlung
      Trier

SCHÜLER ▼A▼ *Übung 27*

Du möchtest Kleider aus einem Katalog bestellen.

Ruf den Bestelldienst an und antworte auf alle Fragen!

 *Ich möchte einen/eine/ein ... bestellen.*

 ...Größe 40, bitte...

 *Ich möchte das in blau...*

 Die Bestellnummer ist...

 *...dann nehme ich rot...*

Das kostet DM...

Du sollst drei Sachen bestellen!

1) Damen-Bluse
   aus reiner Baumwolle
   Farbe: weiß, rot, blau
   Größe: 36–42   35,90
   DB 9203

2) Rock
   100% Baumwolle
   Farbe: weiß, schwarz, blau
   Größe: 36–42   42,90
   RB 1747

3) T-Shirt mit Rund-Ausschnitt
   100% Baumwolle
   Farbe: weiß, gelb, blau
   Größe: S, M, L   29,90
   TS 5328

4) Sportliche Shorts
   Trevira-Baumwolle
   Farbe: weiß, marine, rot
   Größe: 36–42   32,–
   DS 4287

5) Kuli-Hose
   aus reiner Baumwolle
   Farbe: weiß, gelb, ecru
   Größe: 36–42   39,90
   DH 9531

6) Baumwoll-Jacke
   Farbe: weiß, schwarz, blau
   Größe: 48, 50, 52, 54   67,–
   BJ 4408

7) Hose
   100% Baumwolle
   Farbe: schwarz, grau, marine
   Größe: 48, 50, 52, 54   45,90
   HH 3476

8) Pulli
   mit V-Ausschnitt
   100% Schurwolle
   Farbe: ecru, weiß, blau
   Größe: 48, 50, 52, 54   72,50
   PV 7562

9) Achselhemd mit Querstreifen
   100% Baumwolle
   Farbe: weiß/marine
   Größe: S, M, L   19,90
   AQ 2375

10) Sportliche Shorts
    100% Acryl
    Farbe: grau, marine, rot
    Größe: S, M, L   17,50
    SS 5974

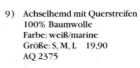

Deine Kreditkarte hat die Nummer 3929 800 724 002

Hier mußt du verschiedene Rollen spielen. Du fährst in Deutschland mit dem Auto. Plötzlich aber hast du eine Panne.

Ruf die nächste Reparaturwerkstatt an und sag dem Mechaniker:

a) (ungefähr) was mit dem Auto los ist;
b) was für ein Auto es ist;
c) wo dein Auto steht.

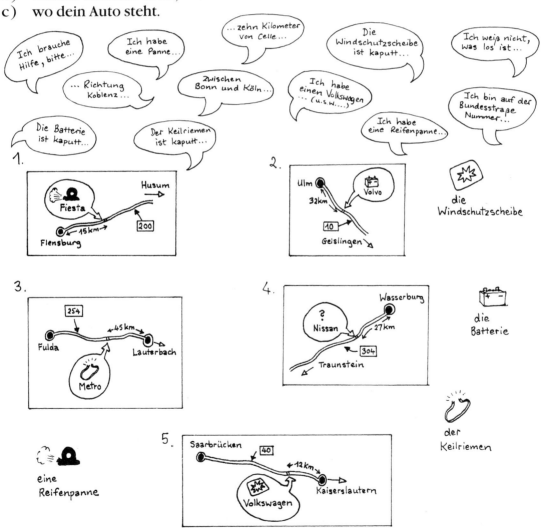

Speech bubbles:
- Ich brauche Hilfe, bitte...
- Ich habe eine Panne...
- ...zehn Kilometer von Celle...
- Die Windschutzscheibe ist kaputt...
- Ich weiß nicht, was los ist...
- ...Richtung Koblenz...
- Zwischen Bonn und Köln...
- Ich habe einen Volkswagen ...(u.s.w....)
- Ich bin auf der Bundesstraße Nummer...
- Die Batterie ist kaputt...
- Der Keilriemen ist kaputt...
- Ich habe eine Reifenpanne...

1.
Fiesta — Husum — 15km → — 200 — Flensburg

2.
Ulm — 32km — Volvo — 10 — Geislingen
die Windschutzscheibe

3.
254 — ← 45km → — Fulda — Lauterbach — Metro

4.
? Nissan — Wasserburg — 27km — 304 — Traunstein
die Batterie

der Keilriemen

eine Reifenpanne

5.
Saarbrücken — 40 — ← 12km → — Kaiserslautern — Volkswagen

SCHÜLER ▽B *Übung 1*

Dein Freund/deine Freundin hat Geburtstag und möchte einige Freunde zu seiner/ihrer Party einladen. Er/sie ruft dich an und fragt, ob du ihre Telefonnummern hast.

Suche die Namen in deinem Notizbuch:

Claudia	63	07	84
Michael	27	88	51
Bettina	02	83	22
Martin	11	63	36
Uwe	82	49	42
Ute	57	68	04
Franz	34	42	68
Florian	73	33	76
Johannes	28	56	81
Margit	19	71	50
Wolfgang	66	55	88

NB : 0 = Null

2 = zwo

SCHÜLER B *Übung 2*

Du mußt jetzt die Rolle von Bettina, Martin, Margit, Ute, Johannes und Florian spielen! Dein Freund/deine Freundin ruft dich an und fragt, ob du zu seiner/ihrer Party kommen kannst.

Schau auf deinen Terminkalender und sag ihm/ihr, ob du etwas an dem Tag vorhast.

Ich habe nichts vor. Ich freue mich sehr auf die Party.

Wo findet die Party statt? Um wieviel Uhr?

Ich kann leider nicht kommen. Ich muß ins Kino. Es tut mir leid.

Bettina

Juni	
Sonntag 19	
Montag 20	abends: Kino
Dienstag 21	

Martin

Juni	
Sonntag 19	Tante Ulrike
Montag 20	16.00: Zahnarzt
Dienstag 21	Theater

Margit

Juni	
Sonntag 19	
Montag 20	17.30: Schwimmen
Dienstag 21	Klassen-fahrt

Ute

Juni	
Sonntag 19	
Montag 20	Kino mit Bettina
Dienstag 21	

Johannes

Juni	
Sonntag 19	Fußball mit Jörg
Montag 20	
Dienstag 21	Schulaufgabe Englisch!

Florian

Juni	
Sonntag 19	Fußball mit Jörg
Montag 20	
Dienstag 21	

SCHÜLER B Übung 3

Du mußt jetzt die Rolle von Martin, Margit, Johannes und Florian spielen.
Jeder hat etwas verloren, wahrscheinlich bei der Party.

Ruf deinen Freund/deine Freundin an und frag ihn/sie, ob er/sie die Sachen
gefunden hat.

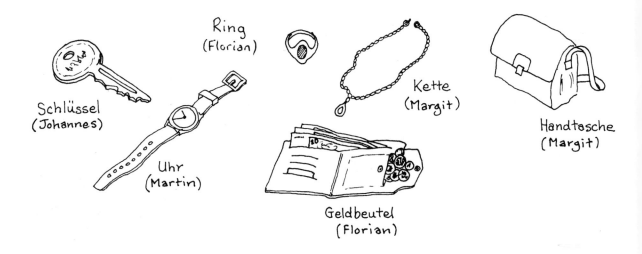

Ring
(Florian)

Kette
(Margit)

Handtasche
(Margit)

Schlüssel
(Johannes)

Uhr
(Martin)

Geldbeutel
(Florian)

Entschuldigung, hast du meinen Mantel gefunden? Ich glaube, ich habe ihn bei dir liegen lassen.

Recht vielen Dank. Ich komme heute abend vorbei, um ihn zu holen.

Du bist Sekretär eines Fußballklubs in München. Ein Mitglied der Fußballmannschaft in Bremerhaven, die deine Mannschaft eingeladen hat, dort zu spielen, ruft dich an und fragt, ob du ihm eine Liste der Spieler geben könntest. Er kann dich leider nur sehr schlecht hören und bittet dich, die Namen zu wiederholen und zu buchstabieren.

Hier sind die Namen:

Geschwinder	Jandl	Schroeder
Sigl	Krawitski	Voigt
Meier	Bauer	Schneider
Mittermeyer	Gruber	Engelmann

A	wie Anton	J	wie Julia	S	wie Samuel
Ä	wie Ärger	K	wie Kaufmann	Sch	wie Schule
B	wie Berta	L	wie Ludwig	T	wie Theodor
C	wie Cäsar	M	wie Martha	U	wie Ulrich
Ch	wie Charlotte	N	wie Nordpol	Ü	wie Übermut
D	wie Dora	O	wie Otto	V	wie Viktor
E	wie Emil	Ö	wie Ökonom	W	wie Wilhelm
F	wie Friedrich	P	wie Paula	X	wie Xanthippe
G	wie Gustav	Q	wie Quelle	Y	wie Ypsilon
H	wie Heinrich	R	wie Richard	Z	wie Zacharias
I	wie Ida				

SCHÜLER B Übung 5

Dein Freund ruft dich an und fragt, ob du Informationen über die Einwohnerzahl verschiedener deutscher Städte geben könntest. Du schaust in der Enzyklopädie nach.

Gib deinem Freund die nötigen Informationen.

Berlin (West)	1 960 000
Bonn	293 000
Frankfurt/Main	612 000
Hamburg	1 580 000
Kiel	245 000
Köln	965 000
München	1 291 000
Münster	272 000
Nürnberg	465 000
Stuttgart	559 000

Stuttgart hat ... Einwohner

Ein Gast in deinem Hotel ruft dich an und sagt, was in seinem/ihrem Zimmer nicht in Ordnung ist.

Mach eine Liste und sage ihm/ihr, du wirst alles reparieren lassen.

Welche Zimmernummer haben Sie?

Ist alles in Ordnung?

Was läuft nicht?

Das lasse ich sofort reparieren.

Ist der Sessel kaputt?

HOTEL SONNE
Bitte notieren Sie Ihre Reparaturwünsche

Zimmer Nr. ———

- ☐ Wasser
- ☐ Licht
- ☐ Schlüssel
- ☐ Vorhänge
- ☐ Dusche
- ☐ Bad
- ☐ WC
- ☐ Heizung
- ☐ Bett
- ☐ Fernseher
- ☐ Radio
- ☐ Möbel
- ☐ Fenster
- ☐ Teppich

Dein Freund Markus/deine Freundin Heike ist seit einer Woche krank und ist daher nicht zur Schule gegangen. Er/sie ruft dich an, um zu fragen, was für Hausaufgaben er/sie machen muß.

Wir sollen Aufgabe 3 auf Seite 34 machen

... bis Montag

Nein, wir haben keine Hausaufgaben auf

Freund(in)	Fach	Hausaufgaben	Bis ...
Sabine	Mathe	Aufgaben 1 und 2 auf Seite 27 lösen.	Donnerstag
Rolf	Biologie	Kapitel 12 lesen.	Freitag
Udo	Englisch	Vokabeln auf Seite 14 lernen. Test !	Mittwoch
Bianca	Chemie	—	—
Martina	Erdkunde	Karte auf Seite 92 ins Heft eintragen.	nächsten Dienstag.

Du arbeitest an der Kasse in einer Kölner Konzerthalle. Die Gruppe BAP spielt in drei Wochen dort, und viele Plätze sind schon ausverkauft. Ein BAP-Fan ruft dich an und fragt, ob es noch Plätze für die Konzerte gibt und, wenn ja, was sie kosten.

Schau auf das Programm und gib ihm/ihr die Auskunft.

Plätze	Preise	Mi. 19. Nov.	Do. 20. Nov.	Fr. 21. Nov.	Sa. 22. Nov.	So. 23. Nov.
Parkett 1	DM 50,–	12	15	5	—	5
Parkett 2	DM 30,–	—	10	9	—	—
Rang 1	DM 40,–	17	14	2	—	8
Rang 2	DM 25,–	6	—	—	—	—
Balkon	DM 20,–	—	—	—	—	4

SCHÜLER B Übung 9

Du hast jetzt die nötige Auskunft von der Konzerthalle. Dein(e) Freund(in) ruft dich an und fragt dich, wann ihr beide ins Konzert gehen könnt.

Es gibt noch Karten für Mittwoch den 19. November

Es gibt Plätze im zweiten Rang

Die Karten kosten DM 30,—

Die Karten für ... sind leider ausverkauft

Schau nochmals auf die Tabelle auf Seite 41 und gib ihm/ihr die Auskunft. (**NB** Es gibt *vier* Möglichkeiten!)

SCHÜLER B ▽ *Übung 10*

Du und dein(e) Freund(in) wissen jetzt, wann es noch Karten für die BÄP-Konzerte gibt. Ihr habt aber diese Woche vieles vor. Dein(e) Freund(in) ruft dich an, um zu fragen, wann ihr ins Konzert gehen könnt. Die Konzerte beginnen jeweils um 20 Uhr.

Hier ist eine Seite deines Taschenkalenders. Schreib auf, wann du ins Konzert gehst.

Gehen wir am ... abend ins Konzert?

Hast du am ... abend etwas vor?

Nein, das geht nicht. Ich gehe ins Kino.

Wie wäre es mit Freitag?

Ja, das geht.

Mittwoch 19.	Hausaufgaben: Mathe, Erdkunde und Englisch!
Donnerstag 20.	Tischtennis 16 Uhr
Freitag 21.	Jugendklub 20 Uhr
Samstag 22.	Kino mit Beate 19.15
Sonntag 23.	Tante Heike und Onkel Konrad am Nachmittag

SCHÜLER B *Übung 11*

Du bist Polizeibeamter in München. Der Portier vom Hotel Metropol ruft an, um zu berichten, daß ein Hotelgast namens Kranzler nicht zurückgekommen sei, er habe am 18. Dezember nicht in seinem Zimmer übernachtet. Der Portier beschreibt, was Herr Kranzler am 18. Dezember gemacht haben soll.

Mach Notizen und stelle dem Portier einige Fragen.

Was hat er zuerst gemacht?

Wissen Sie, um wieviel Uhr er dort hingefahren / zurückgefahren ist?

Woher wissen Sie das?

Was hat er gesehen?

Um wieviel Uhr fand die Vorstellung statt?

War er allein im Theater / im Restaurant?

Deine Eltern feiern am nächsten Dienstag ihre Silberne Hochzeit. Dein Bruder/deine Schwester macht Pläne für ein Familientreffen im Restaurant. Du weißt, daß einige Gäste bestimmte Speisen besonders gern oder überhaupt nicht gern essen (siehe Tabelle unten). Dein Bruder/deine Schwester ruft dich an, um die Pläne zu besprechen.

Zuerst sollt ihr Informationen über die Gäste tauschen – was jeder gern oder nicht gern ißt (✓ = sehr gern; ✗ = nicht gern). Schreib das auf die Tabelle. Dann sollt ihr die Anzeigen anschauen, um ein passendes Restaurant zu finden.

Familienmitglieder		griechisch	chinesisch	Steak	vegetarisch
Mutti	?				
Vati		✓			
Tante Susi				✗	✓
Onkel Manfred	?				
Opa			✗		
Oma	?				
Ulrike				✓	
Dieter	?				

SCHÜLER ▼B *Übung 13*

Du bist der Herbergsvater/die Herbergsmutter in der Jugendherberge in Königswinter. Ein Junge/ein Mädchen ruft an, um Plätze zu reservieren.

Schreib alle Informationen auf.

Personen	Nächte	Daten	Jungen oder Mädchen	Schlafsäcke entleihen	Bettwäsche entleihen	Frühstück

Wiederhole alles! Sieh dir jetzt die Tabelle unten an. Sag dem Jungen/Mädchen, wann es genug Plätze gibt.

	10. Juni	11. Juni	12. Juni
Jungenplätze	—	7	2
Mädchenplätze	5	3	3

SCHÜLER ▼B *Übung 14*

Dein Bruder/deine Schwester ruft dich an. Er/sie hat seinen/ihren Taschenkalender verloren und weiß nicht mehr, wann einige Familienmitglieder Geburtstag haben.

Sieh dir die Liste unten an, und sag deinem Bruder/deiner Schwester die richtigen Daten.

Januar	Onkel Max (15.)	
Februar	Tante Hermine (9.)	Uschi (21.)
März		
April	Tante Hildegard (3.)	
Mai	Friedrich (7.)	Onkel Peter (30.)
Juni	Markus (1.)	Ernst (12.)
Juli	Horst (18.)	
August	Franz (16.)	
September		
Oktober		
November	Oma (17.)	
Dezember	Tante Gretchen (11.)	Tante Inge (14.)

SCHÜLER ▼B *Übung 15*

Am Wochenende war dein Neffe/deine Nichte bei dir zu Besuch. Er/sie ruft dich jetzt an, da er/sie einen Taschenkalender bei dir vergessen hat.

Er/sie bittet dich um Informationen über die kommende Woche:

Sonntag	Mittagessen mit Peter : 13.00 Uhr Zahnarzt : 17.00 Uhr
Montag	Buch zur Bibliothek zurückbringen! Tennis : 14.30 Uhr
Dienstag	
Mittwoch	
Donnerstag	Kino : 19.00 Uhr
Freitag	Geburtstagsgeschenk für Oma kaufen! Abendessen bei Andrea : 20.00 Uhr
Samstag	Haare schneiden lassen : 10.30 Uhr

48

In zwei Tagen besuchst du deinen Brieffreund/deine Brieffreundin zum ersten Mal. Er/sie ruft dich an und will wissen, wie du jetzt aussiehst, da er/sie nur alte Fotos von dir hat.

Wähle ein Bild unten und beschreibe Haare, Kleidung und Gepäck.

Ich habe ...e, ...e Haare

Ich werde eine ...e Jacke, eine ...e Hose, ...e Schuhe und ein ...es T-shirt tragen.

Ich werde einen ...en Koffer / eine ...e Tasche / zwei ...e Koffer / Taschen mitbringen.

lockig   gewellt   glatt   abstehend   dunkel   hell   Koffer(-)   Tasche(-n)

Du mußt jetzt zwei Rollen spielen. Zuerst bist du Angestellter/Angestellte eines Hallenbads. Ein Junge/ein Mädchen ruft dich an.

Sieh dir die Tabelle unten gut an und antworte auf alle Fragen!

HALLENBAD			
Öffnungszeiten	Badehose/Badeanzug	Eintritt $\frac{1}{2}$ Stunde	Eintritt 1 Stunde
Mo–Fr 08.00–20.00	DM 4,50	* Jug. DM 4,50	Jug. DM 6,00
Sa 08.00–18.00		Erw. DM 6,00	Erw. DM 8,00
So 11.00–16.00			

* Jug. = Jugendliche unter 18

Erw. = Erwachsene

Jetzt bist du Angestellter/Angestellte eines Freibads. Antworte auf dieselben Fragen!

FREIBAD			
Öffnungszeiten	Badehose/Badeanzug	Eintritt $\frac{1}{2}$ Stunde	Eintritt 1 Stunde
Mo–Fr 10.00–17.00	DM 5,00	* Jug. DM 3,00	Jug. DM 4,50
Sa 09.00–17.00		Erw. DM 5,00	Erw. DM 7,00
So 12.00–15.00			

SCHÜLER B *Übung 18*

Du arbeitest bei der Auskunft am Hauptbahnhof im Hannover. Jemand ruft dich an und möchte Informationen über Züge nach München haben.

Sieh dir den Fahrplan unten gut an und antworte auf alle Fragen!

Wann wollen Sie fahren?

Um welche Tageszeit?

Es gibt zwei (drei...) günstige Züge.

Der erste Zug fährt um...

Ein zweiter (dritter...) Zug fährt um...

Er kommt um ... Uhr in München an

Sie müssen umsteigen

Ein Zug fährt früher (später) um...

... in Würzburg

Hannover

km 641 → München

ab		Zug		an	Bemerkungen
0.30		D	2189	7.14	nur ⊷⊷⊷ ⊱ ⊸⊸
1.27		D	2187	7.56	
6.43	Ⓕ	IC	781	12.06	
7.43		IC	581	13.06	
8.43		IC	583	14.06	
9.32		FD	1981	15.01	✕
9.43	Ⓕ	IC	681	15.06	Ⓤ Würzb
9.43	Ⓕ	IC	681	15.28	
10.43		IC	783	16.06	
11.43		EC	91	17.06	Ⓤ Würzb
12.43		IC	785	18.06	
13.43	Ⓔ	IC	683	19.06	Ⓤ Würzb
13.43	Ⓔ	IC	683	19.28	
14.43		IC	787	20.06	
15.43	Ⓔ	IC	685	21.08	68 Ⓤ Würzb
15.43	Ⓔ	IC	685	21.32	
16.43		IC	687	22.08	68 Ⓤ Würzb
16.43		IC	687	22.30	68
17.43	Ⓔ	IC	585	23.08	68
18.38		D	2787	0.24	✕ 68
20.59	Ⓖ	D	499	3.54	Ⓤ Würzb ⊱ 54
22.14	Ⓢ	D	1299	5.19	Ⓤ Augsb
22.14	Ⓢ	D	1299	5.28	⊷⊷⊷ ⊷⊷
23.06		D	2181	6.55	⊱Ⓤ Würzb ⊱
23.06		D	2181	7.07	⊷⊷⊷ ⊷⊷ ⊱

Ⓔ = täglich außer Sa, nicht 17. VI.
Ⓕ = ① bis ⑥, nicht 18. VI.
Ⓖ = nicht 24. IX.
54 = Zugang nur über Arnulfstraße
68 = Zug hält auch in M-Pasing

Zeichenerklärung			
EC	EuroCity, Europäischer Qualitätszug mit Zugrestaurant; EC/IC-Zuschlag erforderlich	⊶⊷⊷⊷	Buslinie
		⊷⊷⊷	Kurswagen
IC	Intercity-Zug, Nationaler Qualitätszug mit Zugrestaurant; EC/IC-Zuschlag erforderlich	⊱	Schlafwagen
		⊸	Liegewagen 2. Klasse
FD	Fern-Express – qualifizierter Schnellzug	✕	Zugrestaurant
		⑪	Quick-Pick-Zugrestaurant
D	Schnellzug	⊻	Speisen u. Getränke im Zug
E	Eilzug	Ⓤ	Umsteigen
N	Zug des Nahverkehrs	✕	an Werktagen
Ⓢ	DB-Schnellbahnzug	†	an Sonntagen und allgemeinen Feiertagen
① = Montag	⑤ = Freitag	←	Ⓢ-Verkehr zum Flughafen
② = Dienstag	⑥ = Samstag (Sonnabend)	Ⓐ	an Werktagen außer Samstag
③ = Mittwoch		Ⓑ	täglich außer Samstag
④ = Donnerstag	⑦ = Sonntag	Ⓒ	an Samstagen, Sonn- und Feiertagen

SCHÜLER ▼ B *Übung 19*

Du spielst die Rollen von sechs verschiedenen Personen. Jemand ruft dich an und fragt etwas. Manchmal aber erreicht er/sie die falsche Verbindung.

Sag etwas Passendes.

Restaurant „Vier Jahreszeiten", guten Tag. Wie kann ich Ihnen helfen?

Es tut mir sehr leid. Sie sind falsch verbunden.

Mit wem wollten Sie sprechen?

1.	FRISEUR 46 - 57 - 19 Dienstag 16.00 / 17.00 / 17.30 möglich . .
2.	BIBLIOTHEK 74 - 34 - 47 Keine bestellten Bücher da.
3.	RESTAURANT „Vier Jahreszeiten" 36 - 61 - 04 Freitagabend - noch nichts reserviert.
4.	BAHNHOF 86 - 34 - 28 Erster Zug nach München : 06.57 Uhr
5.	ZAHNARZT 04 - 66 - 48 Nichts am Montag oder Dienstag frei.
6.	THEATER 33 - 08 - 77 „Don Carlos" ist ausverkauft.

SCHÜLER B ▽ *Übung 20*

Du arbeitest in dem kleinen Supermarkt in Dorfmerkingen. Ein Kunde/eine Kundin ruft an und fragt, ob du einige Sachen zu ihm/ihr hinausbringen könntest.

Mach eine Liste von den Sachen, die er/sie braucht.

Bestellte Sachen	Menge

Wiederhole alles auf der Liste!

Du mußt jetzt die Rollen von fünf Personen spielen, die Tische verkaufen wollen. Jemand ruft an und will wissen, was für einen Tisch du anbietest und zu welchem Preis.

Gib die nötigen Informationen.

SCHÜLER B ▽ *Übung 22*

Du bist Beamter/Beamtin in Wetterbüro. Jemand ruft an, um zu fragen, wie das Wetter in verschiedenen Städten Europas ist.

Gib passende Antworten!

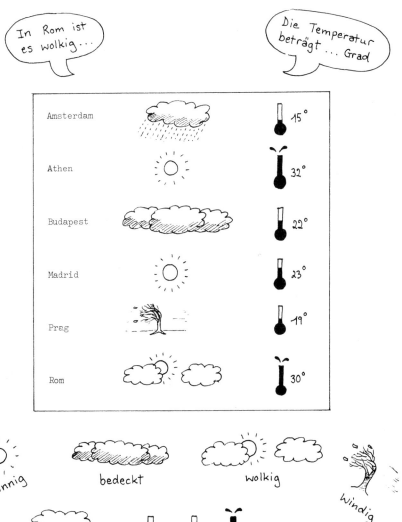

In Rom ist es wolkig...

Die Temperatur beträgt ... Grad

Amsterdam   15°

Athen   32°

Budapest   22°

Madrid   23°

Prag   19°

Rom   30°

sonnig   bedeckt   wolkig   windig

regnerisch   kalt   warm   heiß

SCHÜLER B ▼ *Übung 23*

Während du im Urlaub bist, paßt dein Nachbar/deine Nachbarin auf deine Wohnung auf. Er/sie ruft dich an und sagt, er/sie habe das Gefühl, daß einige kleine Sachen nicht mehr da sind. Er/sie kann sich aber nicht genau erinnern, was du in der Wohnung hattest.

Frag ihn/sie, ob alle Sachen noch da sind. Mach eine Liste der Sachen, die fehlen.

Du spielst die Rolle von Fräulein Prohaska, der Sekretärin von Herrn Heinrich Sonnenberg in Wien. Herr Sonnenberg hatte einen wichtigen Brief an einen Geschäftsmann in Hamburg, Herrn Kellermann, geschrieben. Leider ist der Brief an einigen Stellen nicht mehr lesbar, und Herr Kellermann ruft dich an, um verschiedene Fragen zu stellen.

Gib passende Antworten!

Wien, den 23. März

Sehr geehrter Herr Kellerman,

für Ihr freundliches Schreiben vom 18. März haben Sie herzlichen Dank. Ich kann Ihnen jetzt mitteilen, daß ich in der Lage bin, für sechs Tage nach Hamburg zu reisen. Mein Chef, Herr Koch, hat sich auch bereit erklärt, mit mir zu kommen, aber er kann leider nur zwei Tage bleiben, da er eine Geschäftsreise nach Kanada machen muß.

Wenn es Ihnen recht ist, wollen wir am 24. April kommen. Unser Flug (Lufthansa LH1471/LH379) ist um 1010 Uhr, und wir landen um 1315 Uhr in Hamburg (wir müssen leider über München fliegen, wo die Maschine kurz landet). Sie brauchen uns nicht abzuholen. Wir wissen, wo Sie wohnen, und fahren mit dem Taxi zu Ihnen hinaus. Wir hoffen, gegen 1400 Uhr bei Ihnen zu sein.

Ich hoffe sehr, daß es Ihnen gut geht, und freue mich auf unser Treffen und auf meinen ersten Aufenthalt in Hamburg.

Mit freundlichen Grüßen,

H. Sonnenberg

Heinrich Sonnenberg

SCHÜLER B ▽ *Übung 25*

Du arbeitest bei der Auskunft am Frankfurter Flughafen. Jemand ruft dich an und möchte Informationen über Flüge aus London haben.

Sieh dir den Fahrplan unten gut an und antworte auf alle Fragen!

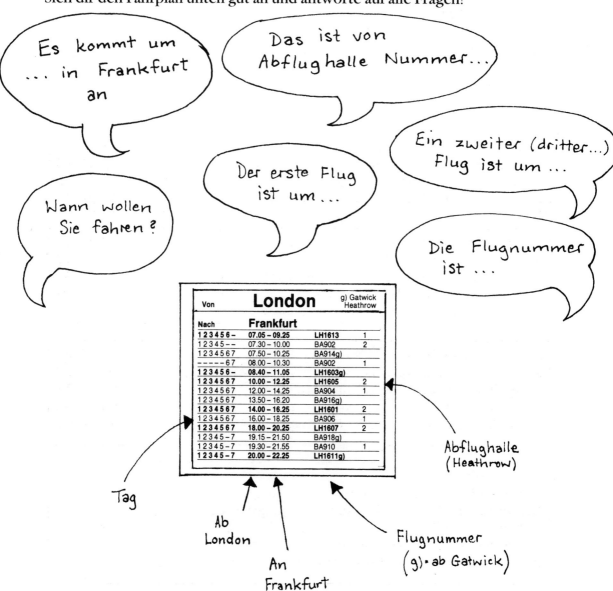

SCHÜLER B *Übung 26*

Du arbeitest bei der Fernsprechauskunft. Jemand ruft dich an und will einige Telefonnummern wissen. Er/sie hat nur unvollständige Informationen über die Leute oder Firmen, die er/sie anrufen will.

Hilf ihm/ihr, die richtigen Nummern zu finden.

Welche Stadt, bitte?

Wie ist der Familienname, bitte?

Wie sind die Vornamen, bitte?

Wie ist die Hausnummer, bitte?

Wie schreibt man das, bitte?

Wie ist die Straße, bitte?

1		
Kaufmann, F.T., Beethovenstr. 252, Bremen		48 02 99
Kaufmann, Frank, Ferdinandgasse 73, Bremen		73 17 54
Kaufmann, Franz, Hanftalstr. 15, Bremen		31 85 12
Kaufmann, Franz S., Hansaplatz 8, Bremen		65 20 02

2		
Maier, Manfred, Amselgasse 42, Nördlingen		22 18 45
Maier, T.R., Kirchstr. 2, Nördlingen		89 04 12
Maier, Ulrich, Nelkengasse 14, Nördlingen		13 53 30
Mayer AG, 'Haus und Büro', Nürnbergerstr. 51, Nördl.		40 57 03
Mayer, Anton, Zahnarzt, Hauptstr. 96, Nördlingen		08 61 77

3		
Schmid, S., Bahnhofstr. 33, Nürnberg		59 07 05
Schmid, W.R., Rechtsanwalt, Wagnerstr. 68, Nürnberg		92 81 27
Schmidt, B.J., Engelgasse 1, Nürnberg		60 72 15
Schmidt, S., Schubertstr. 67, Nürnberg		04 66 88
Schmidt, S.J., Wagnergasse 5, Nürnberg		16 60 02

4	Buchhändler . . .	
ABC Bücher (H. Müller), Frankenplatz 26, Trier		79 28 34
Buchhandlung Baum (E.F. Baum), Drosselgasse 18, Trier		82 91 30
Buchhandlung Keller (S. Keller), Oststr. 17, Trier		62 24 03
Bücher für Kinder (Erwin Adler), Bismarckstr., Trier		23 42 55
Bücherei Tauscher (M. Tauscher), Friedensplatz, Trier		46 04 71

SCHÜLER B Übung 27

Du arbeitest bei dem Bestelldienst einer Katalogenfirma. Ein Kunde/eine Kundin ruft dich an und will einige Kleidungsstücke bestellen.

Fülle das Formular unten aus!

Kann ich Ihnen helfen? · Was möchten Sie bestellen? · ... und Ihre Adresse? · Welche Farbe wollen Sie? · wir haben nur rot... · Wieviele möchten Sie? · Welche Größe bitte? · Wie ist die Bestellnummer bitte? · wir haben nur 38 und 42 · Wie ist Ihr Name, bitte? · Wie ist ihre Kartennummer, bitte? · Leider haben wir keine mehr...

WARENBESTAND: Sieh unten nach, ob alle Sachen vorrätig sind . . .

Kleider	weiß	schwarz	marine	blau	rot	gelb	ecru	36	38	40	42	S	M	L
Bluse	✓								✓	✓				
Rock		✓		✓						✓	✓			
T-Shirt	✓			✓		✓							✓	✓
Damen-Shorts			✓		✓			✓	✓					
Damen-Hose	✓						✓	✓		✓				

Kleider	weiß	schwarz	marine	blau	rot	grau	ecru	48	50	52	54	S	M	L
Jacke	✓	✓							✓	✓	✓			
Herren-Hose			✓		✓			✓	✓					
Pulli	✓			✓		✓			✓	✓				
Achsel-Hemd	✓												✓	✓
Herren-Shorts			✓		✓								✓	✓

BESTELLSCHEIN

NAME	
ANSCHRIFT	
STADT	BESTELLSCHEIN
LAND	
POSTLEITZAHL	

	KLEIDUNGSSTÜCK	BESTELLNUMMER	FARBE	GRÖßE	PREIS	MENGE
1						
2						
3						
4						
5						

KREDITKARTE NR.:

SCHÜLER B Übung 28

Du bist Mechaniker(in) bei einer Autoreparaturwerkstätte. Einige Leute rufen dich an, weil sie eine Panne gehabt haben.

Damit du helfen kannst, brauchst du Informationen über folgendes:

a) Was ist mit dem Auto los?
b) Was für ein Auto ist es?
c) Wo steht das Auto im Moment?

Schreib alle Informationen auf und wiederhole alles!

	Problem	Automarke	Straße Nr.	Von	Nach	Standort
1.						—— km von ————
2.						—— km von ————
3.						—— km von ————
4.						—— km von ————
5.						—— km von ————